पारिजात

शालिनी सिन्हा

सीमा सक्सेना

सन्मति

Title : Paarijat

ISBN: 9788194712947

प्रकाशक

सन्मति पब्लिशर्स एण्ड डिस्ट्रीब्यूटर्स

बी-347, संजय विहार,

मेरठ रोड, हापुड़-245101 (उ0प्र0)

website : www.sanmatiindia.com

email: sanmati555@gmail.com

मो. : 8439645104

प्रथम संस्करण : अक्टूबर 2020

-

भाव भूमि

याद नहीं कि वर्तमान की किस प्रेरणा से, किशोरावस्था की मित्रता अपनी सम्पूर्ण आद्रता के साथ याद आ गई और एक छोटी सी लहर की भांति बार-बार जीवन तट से टकराने लगी। बचपन की सखी के साथ देखा एक सपना जीवंत हो उठा कि हम अपनी रचनाओं के लघु संग्रह को एक पुस्तक का रूप देंगे।

इस कल्पना ने ठहरे हुए कोरोना काल में इंद्रधनुषी रंग भर दिए, मन अनेक अनुभवों का कोहरा व उजास ले कर आत्म चेतना की घाटी में उतरता चला गया; जहाँ सुख-दुख, पीड़ा, अनुराग एक पूर्व परिचित की भांति साथ चल दिये, अपने-अपने हिस्से का चिंतन लेकर।

इस पुस्तक की परिकल्पना अनेक व्यवधानों के बीच रास्ता बनाने वाले प्रेरक पृष्ठों दिव्यांशी, आयुषी और पारांजय के बिना संभव नहीं थी, उनको हमारा चिर स्नेह। हमारे सृजन और कृति को साकार करने वाले ध्रुव जी वा सौरभ जी को स्नेह पूरित आभार।

इसके अतिरिक्त परिवार जन तथा मित्र जिन्होनें जाने-अनजाने में इस कलम के लिए अपने अनुभवों की स्याही और स्नेह दिया, उन सभी को हमारा कोटिशः धन्यवाद।

- शालिनी सिन्हा

- सीमा सक्सेना

अनुक्रमणिका

समर्पण

मेरे श्रद्धा सुमन

दिवंगत छोटे भाई मनीश को,

जो मेरे हर जन्म दिन पर

अपने जेब ख़र्च से मेरे लिये

किताबें उपहार में लाता था !

\- शालिनी सिन्हा

शालिनी सिन्हा की रचनाएँ

माँ

माँ .... !
घने तिमिर में
अनवरत प्रकाशमान
एक स्नेह दीप !

जो
आशाएँ प्रज्ज्वलित करती,
और अपना कष्ट छुपाकर
बाती के
अंतिम छोर तक जलती !

सूरज पर साँझ

ढलते सूरज को देख सोचती हूँ,
क्या कभी
सूरज पर भी साँझ होती होगी?

कुछ पल पलकें बंद कर
क्या वो भी सुस्ताता होगा !
या थक कर ठंडी छाँव में
दिन का हिसाब लगाता होगा?

क्या कभी झिलमिल चाँदनी रात में
वो पूरा चाँद देख पाता होगा !
जब ठंडी बयार चलती होगी
क्या उसका मन भी अलसाता होगा?

या बस दहकता ही रहता है,
भीषण ज्वालाओ में लिपटा वो
दिन रात, प्रतिक्षण, प्रति दिन....
पल भर ना विश्राम किये....
अनन्त काल से अनन्त काल तक
चिर यौवन का संकल्प लिए !

क्या उद्विगन हो, विचलित हो
वो ईश्वर से बतलाता होगा
पृथ्वी, चंद्र, शुक्र और
सभी मित्रों की
अपनी सुबह और शाम है,
और मैं
अनन्त लपटों में घिरा हुआ
ना मुझे तनिक आराम है !

बूढ़ी औरत

मैंने उस बूढ़ी औरत को देखा....
नि:शब्द, प्राणहीन,
शिथिल आँखें,
जर्जर, उपेक्षित
निराकार सी काया....

बहू की अनवरत
उलाहनाओ के बीच
बस प्रतीक्षा करती थी,
ईश्वर की अंतिम पुकार का....

बहू जो दूर खड़ी
बस अपनी परेशानियाँ गिनाती थी...
और आया का वो निर्विकार भाव,
जो उसे सम्हालती और खिलाती थी।

यही बूढ़ी औरत....
जो कभी
प्रतिबिम्ब थी सहज नारी शक्ति का,
मैंने देखा है उसे....
क़रीने से अपना घर सम्हालते
स्नेह से खाना बनाते

और राजनीति की चर्चाओं में
खुलकर मुस्कुराते !

जब उसमें
ऊर्जा का संचार था,
नित नये
सपनों का अंबार था....
आज वो
जीवन की नश्वरता का प्रतीक है !

मेरा कोटि-कोटि प्रणाम उसको,
उसके अथक जीवन संग्राम को....
और
उसके असहाय स्वाभिमान को !

जाड़े की दस्तक

जाड़े ने दस्तक दी है....
और याद आने लगी है,
वो अदरक वाली चाय
और गुनगुनाती धूप,

वो कोहरे से ढकी सुबह
और ठंड से सहमी शाम,
वो ओस में भीगी घास
और उनसे धुली पत्तियाँ

पैर से कोनो से दबी रज़ाई
और अलसाई हुई सुबह,
वो गजक, गुड़ और मूँगफली
की लालच में,
दूर क्षितिज से झाँकता....
उदास, ठंडा सूरज!!

ठिठुरती सिहरती लम्बी रात
और सड़क पर फैला सन्नाटा,
रसोई से उठता गुनगुना धुआँ और....
अंगीठी की गरमी में गरमाते रिश्ते।

दिल्ली की सड़क

व्यस्त....
और कोलाहल की अभ्यस्त !

राहगीरों को सपने दिखाती,
अरावली के पठारों को काट
अपने लिये रास्ता बनाती,
निर्विकार भाव से
बस चलती जाती,
दिल्ली की सड़क !

कभी मिर्ज़ा ग़ालिब की
गली से निकलकर
चिराग़ों की मद्धिम रौशनी में
दबे पाँव गुज़रती,
और चाँदनी रात के
अनकहे अफ़सानों को सुनाती !

और हर सुबह की आहट पर
अपने गलियारो को बुहारती,
दिल्ली की सड़क !

कभी बेख़ौफ़ इंक़लाब ज़िंदाबाद
के नारों से थर्राती,
फिर इंडिया गेट से गुज़रकर
राजपथ पर इतराती
कही लुटियंस के राजसी
ठाट बाट को नापती,
और राष्ट्रपति भवन की दीवारों पर चढ़,
इतिहास में झाँकती !

कभी अंग्रेज़ी बेकरी में बसी ख़ुशबू से
शामों को महकाती,
या वार सेमेटरी पर ठिठक कर,
सोये सेनानी की आहों को
नि:शब्द
सुनाती।

और देखी है
हुमायूँ के मक़बरे की
लाल मिट्टी वाली सड़क,
जो बहादुर शाह ज़फ़र
की आँखों की नमी से
गीली है आज तक !

(बहादुर शाह ज़फ़र ने अंग्रेज़ों द्वारा रंगून भेजे जाने से पहल हुमायूँ के मक़बरे में पनाह ली थी)

कुछ रहस्यमयी, कुछ स्वाभिमानी
कभी गुमसुम, कभी खो जाती,
बदलते रिश्तों
और बदलते अहसासों के साथ
अब बस भागती जाती !

कही बरगद, कही पीपल,
कही जामुन, कही कीकर....
इनकी घनी छाँव से गुज़रकर
सत्ता को रास्ता बताती;

या शांति पथ से निकलती
और किसी वी आइ पी के
क़ाफ़िले सी
इतिहास को दोहराती
दिल्ली की सड़क !

श्रद्धा के फूल

बुझते हुए दिये की लौ से
बाती ने पूछा....
“इस अनंत सूर्य के समक्ष
तुम पर
ना किसी की दृष्टि
गयी !
ना अंधेरी रात में ही
तुमने किसी का
पथ प्रदर्शन
किया,
तिल-तिल जलकर
जीवन भर
ना तुम आरती का
दिया बने,
ना दीपावली की जगमग को
तुम्हारे अस्तित्व का
अहसास
हुआ !
फिर भी संतोष का ये सहज भाव
कैसे समेटे हो
अपने
हृदय में....

कि तुम्हारी विदाई पर
किसी की आँखों में
दो आँसुओं की भी
जगह नहीं?”

पल भर को दृष्टि डाल बाती पर
बड़े धीर से
वो कुछ यूँ
बोला,
मानो फूलों ने मकरंद बिखेर
जीवन का सहज
रहस्य
खोला....

“याद है जब क़ब्रिस्तान के नीरव
अंधेरों को चीरता, बस मैं
दीप्तिमान, एक क़ब्र पर
जलता था,
और उस विधवा ने वेदना से भर
मुझ पर....
श्रृद्धा के दो फूल
चढ़ाये थे !

कोरोना का क़हर

विचलित हो रही आशाएँ
ध्वस्त सब दिशाएँ,
संदेह के घने कोहरे मे
दूर पंछी पर फैलाए।

कभी कोई तो
ऐसा पल होगा,
जिसका आदि होगा
न अंत होगा !

स्कूल यूनिफ़ॉर्म

कभी-कभी सोचती हूँ,
धीरे से खटखटा कर
उस घर का दरवाजा खोलूँ....
जिसमें
मेरी बारिश में भीगी स्कूल यूनिफ़ॉर्म
अभी भी सूख रही है !

उस ही पंखे के नीचे फड़फड़ाते पन्नों के बीच
रखी किताब,
और उसमें रखी छोटी सी चिट्ठी....
जिसे अनजाने में बार-बार रखती
और उठाती थी,
और पढ़कर बेवजह मुस्कुराती थी !

याद है....
घर की छत का वो सुखद सिरहाना,
और उस पर
बुनी हुई कहानियों का ताना बाना
जिसे सब को घंटो सुनाना !

कि फिर घूमूँ
पार्क की तपती धूप में,
जो जेठ की दोपहर में भी गुनगुनी थी !
या वो स्कूल के रिक्शे पर टकराती
सर्द हवा....

जो पूस की ठंड में भी अनमनी थी !
देखती हूँ
रौशनी में डूबी वो चाँदनी रात
और
कोमल सपनों का अम्बर उदास !

गणित के सवाल जो हल नहीं होते थे,
फिर भी
किताबें बंद कर हम निश्चिंत सोते थे !

उस घर के आँगन में सपने....
जो जन्म लेते ही बड़े हो जाते थे,
और दोस्त
जो बस मिलते ही बन जाते थे !

शायद
चाभी नहीं है उस घर की....
या दरवाज़े जाम हो गये है,
और बारिश
तो अब होती ही नहीं
धूप निकले
साल तमाम हो गये है !

उम्मीदों की धूप

उम्मीदों की ठंडी धूप
यौवन में तपने लगी,
और ढलती उम्र के साथ
अंधेरों में घिरने लगी....

बूढ़ी जिन्दगी को है
फिर उस धूप की तलाश,
आँखों को नम करती थी जो
उस ओस की है आस।

कोहरे की सफ़ेद चादर
हो शायद उसका कफ़न,
दिन की तेज़ धूप
उसकी चिता की तपन।

बस उम्मीद ही नहीं जीवन
और भी है कुछ इसमें,
कुछ पा सकते हम ख़ुद
और कुछ नहीं अपने बस में !

चंद्र यान

चाँद के पास पहुँचते ही
चंद्रयान का मन डोल गया,
चाँद की छटा देखते ही
वो धरती माँ को भूल गया !

घर से निकला था
सब सबक़ सीख कर,
वो शान से बढ़ता जाता था,
अनजान, अंधेरे रास्तों पर भी,
पल भर ना घबराता था !

आनंदित हो, प्रफुल्लित हो,
वो मन ही मन इतराता था,
थोड़े से ही जेब ख़र्च में
दिनभर काम चलाता था !

माँ को देखता घूम-घूम कर
सारे पाठ दोहराता था,
नहीं भटकूँगा राह से मैं
मन ही मन समझाता था।

चाँद की ठंडी छाँव में आकर,
भूल गया वो अपनी डगर....
और नये सपनों में चूर हुआ,
व्यथित चिंतित माँ की
आँखों से भी दूर हुआ !

श्री अटल बिहारी बाजपेयी

टूट गये जीवन के तार
अथक जीवन संग्राम में
सूरज शिथिल हो डूब गया
सुदूरदिशा के रक्ताभ में।

कण-कण विचलित है
हवाएँ भ्रमित है,
संवेदनाओं का उमड़ता
सैलाब व्यथित है।

एक राही लौह स्तम्भ सा
विनम्रता से मुस्कुराता था,
कोटि-कोटि जनमानस में वो
अटल स्नेह दीप जलाता था !

अटल जी को कोटि-कोटि प्रणाम
तथा अनगिनत श्रद्धा दीप !

दिल्ली में दंगे

घायल है मुसाफ़िर
थका और हैरान है,
दिग्भ्रमित है
विचलित है
भटका और परेशान है।

धूल का ग़ुबार है
इस क़दर हवाओं में
कि कोई नज़र आता नहीं,
और किसको कहे अपना
ये जान पाता नहीं।

कहीं अंधेरा
कहीं कोहरा है....
सब भाग रहे किस ओर है?
किसी माँ की करुण पुकार है
या
भटके मतवालों का शोर है!

जाड़े की धूप

सूरज के सर्द तेवर से
सहमी,
अनमनी, अलसाई सी
सुबह देर से आती,

और....
नयी नवेली सी
लजाती !
साँझ ढले
चुपके से छुप जाती,

सर्दी से कुमहलाए
फूलों को
धीरे से सहलाती

जाड़े की धूप !

बंजर भूमि

मैंने देखा है....
सर्दी में एक अनाथ को,
स्टेशन की
बर्फ़ सी फ़र्श पर
अख़बार पर लेटे हुए !

उस अबोध को,
संवेदनाओं की बंजर भूमि पर
अपने अस्तित्व की
लड़ाई लड़ते हुए,

अपने चारों ओर फैले
कुटिल और क्रूर समाज
से बेख़बर,
एक सांत्वना की नींद
सोते हुए...

उसे देखकर लगा,
विज्ञान की सारी उपलब्धियाँ
और
विकास की पक्की पगडंडियाँ
सब अर्थहीन है....

अगर ममता की गर्म चादर
उसे ढक नहीं पाती,
और
इंसानियत उसका विलुप्त
बचपन नहीं लौटाती !

मोहब्बत की बातें

अब छोड़ो कोरोना के क़िस्से
आओ कुछ....
मोहब्बत की बातें करते हैं
दोस्ती की बातें करते हैं,
मौत के साये में गुमशुदा
ज़िंदगी की बातें करते हैं !

स्याह रातों के अंधेरे तो
अभी बाकी है बहुत,
मन के भीतर की
रौशनी की बातें करते हैं।

वो घड़ी
जब मेरा हाथ
हौले से थामा था तुमने,
उस रात की
चाँदनी की बातें करते हैं !

अहम की आँधी

निष्ठुर ठण्डे धरातल पर
उगती नहीं मासूम कोंपल,
अहम के निर्जन वन मे,
चलती मौन आँधी दिनभर।

सहमा सा है उपेक्षित मन,
मूक हो गयी संवेदनाएँ,
चाहत ना रही कुछ और अब
अजनबी सी लगती परछाईं।

पुलवामा के शहीद

आज फिर सूरज निकला है !
और चमकती धूप है,
आज फिर धरती ने
बदला अपना रूप है ।
पर फिर भी घना अंधेरा है !

दूर बसती में, गाँव में
पीपल की ठंडी छाँव में;
पहाड़ों की घाटी में,
और ठहरी सहमी वादी में ।

उस चौखट पर, उस अटारी में
भाभी के सिंगार की पिटारी में;
माँग के सिंदूर में,
पथरायी आँखों के नूर में ।

उस पगडंडी पर
जिससे कोई गया था,
उस दहलीज़ पर
जहाँ कोई आया है !

बच्चों की किलकारी में,
और खिलौनों की अलमारी में;
इकलौते भाई के प्यार में
और सारे तीज त्योहार में !

स्कूल की किताब में,
और अम्मा के हिसाब में;
सावन के मेले में
कभी आँगन में, अकेले में !

घना अंधेरा है !
फिर भी सूरज निकला है,
और चमकती धूप है,
आज धरती ने फिर
बदला अपना रूप है !

विस्मृत पल

जीवन के विस्मृत पलों में
अविस्मृत सा है कोई,
थकी हुई पलकों मे
एक आशा सी है सोई।

अपलक दृष्टि है अभी भी,
उस वीराने पथ पर
जिस ओर गये पदचिह्न
ना मुड़े ना लौटा कोई!

ख़ुद से आज़ादी

वो कहते है
उन्हें आज़ादी चाहिये !
कई बार सोचती हूँ
किस चीज़ से?

इतनी आज़ादी तो उन वीरों ने
अपनी जेल यातनाओं से
नहीं माँगी !

उनके लहुलुहान
मन और शरीर ने नहीं माँगी !

उन नौनिहालों ने
अपने जीवन का पल-पल
अपनी सम्पूर्ण चेतना,
अपना हर चिंतन
देश को समर्पित कर दिया !

पर अपने कष्ट से
कभी आज़ादी नहीं माँगी....

उन माँओं ने
अपने सिर पर ईंट
और पीठ पर नवजातों के
भार से नहीं माँगी,

और सूर्य की तपन को भी
मेहनत की चमकती बूँदों
से शीतल कर दिया !
और कभी आज़ादी नहीं माँगी !

बस की क़तार ने
हर दिन की भीड़ से !
बच्चों की दवा, आटा, राशन
के लिये
हर दिन जंग करती, जूझती
ज़िंदगी ने
या किराये के छोटे कमरे ने
मद्धम रौशनी से !

उद्योग विहार की फ़ैक्टरियों से
निकलते मज़दूरों ने
अपनी लम्बी ड्यूटी से !

हिमाच्छादित चोटियों पर
प्रहरी बने जाँबाजों ने
नहीं माँगी
अपने एकाकीपन से !

कश्मीर की कंपकंपाती ठंड में
मैंने उनके
मुस्कुराते, रौबीले
चेहरे देखे है....
संतुष्ट और अडिग !

पर कुछ लोगों को
ठंड की सुनहरी धूप से
आज़ादी चाहिये,

चहचहाती मैना, कोयल
और हरी घास से
आज़ादी चाहिये !

उन्हें कौन बताये?
ऐसी आज़ादी नहीं मिलेगी या
वो अपने मन में ही झाँक कर देखे
शायद थोड़ी बची हो !

बरसात की रात

बारिश में भीगती तरुलता...
उल्लास में,
जीवन के मधुमास में
इतराती है,

हवा के ठंडे झोंकों में उड़ती
एक दूसरे को
छूकर आती है !

पेड़ों से ढलती चाँदनी...
छेड़ कर कोई रागिनी
एक अनजाना सा
गीत गाती है !

कितना मधुर पल है...
ना कोई कोलाहल है !

ऐसी शीतल बयार में,
भोर के इंतज़ार में....
भीगी-भीगी सी गोरैया,
अधखुली आँखों में
अलसाती है !

रजनी

दिन रात
बहुत मेहनत करती है
साहब !
उसका पति
आँखों में चमक लिये
कहते नहीं थकता था....

उसकी हर सुबह रजनी
और
हर दिन की शाम रजनी !

वह थी सुकोमल, स्वाभिमानी
और अन्नपूर्णा...
पति के प्यार भरे देवलोक में
विचरती थी सबला।

उसके जीवन मे
न थी व्यथा,
वो थी एक
जीवित परी कथा।

दिन बीतते थे...
मधुर और सुरमयी
वो थी
एक माँ ममतामयी !

तभी एक दिन...
यमलोक का एक दूत
धीरे से घर में आया...,
लेकर
दुःख का काला साया !

और
टूट गयी जीवन की डोर...
निर्जीव हो गयी रजनी...
पत्थर हो गया
आँचल का छोर !

उजड़ गयी बस्ती,
और
टूट गयी बंधन की डोर,
बिलखता पति,
सहमे बच्चे
करुण पुकार है चहुँओर ।

सूख गया
ममता का आँसू
और भीग गया
सारा सिंदूर!

लगता है...
ईश्वर कितना निर्दयी है...
या उसका कलेजा
पत्थर का है...
पर शायद नहीं
वो तो ख़ुद ही पत्थर का है!

मृगमरीचिका

दौड़ रहे लम्बी राह पर तुम
भीड़ और शोर से घिरे हुए,
हर अपरिचित चेहरे पर
अनजाना अपनापन लिए हुए।

सब गुमसुम और मौन है
फिर भी क्यूँ इतना शोर है?
किसी मृगमरीचिका की चाहत में,
एक स्पर्धा सी हर ओर है !

घटा काली

अब मत बरसो घटा काली
भीग गया है जन जीवन,
तुम्हारे इस शीतल स्पर्श से
सिहर गया है तन मन।

कुछ तो दर्द समझो उनका
जिनके पास नहीं अपना घर,
जिनके बच्चों के पास नहीं
बदलने को सूखा कपड़ा भर।

कुछ तो ध्यान करो पौधों का
जो सह ना सके ठंडी फुहार,
लौट चली है अब तो
बगिया में थी जो बहार।

धुले हुए हरे-भरे पेड़
मानो ठिठुर गये है,
उड़ते चहकते पक्षी
घरौंदों में सिमट गये है।

क्यों सताती हो उनको
जिनको तुमसे कोई बैर नहीं,
ईश्वर की संतान हो तुम भी
हम सबसे कोई ग़ैर नहीं !

जीवन का अंतिम पहर

काल के ललाट पर
रेखाओं का विस्तार हूँ मैं,

विस्मृत हूँ, उपेक्षित हूँ पर
भावनाओं का अम्बार हूँ मैं,

जीवन के अगले पड़ाव पर
मृत्यु का अन्तिम प्रहार हूँ मैं,

गति हूँ, स्पन्दन हूँ और
हर क्षण नया आकार हूँ मैं !

सुख-दुःख की साँझ

जीवन बस एक स्वप्न नहीं,
न कोई उलझी पहेली,
किसी नाटक का मंचन नहीं,
न एक रात रुपहली।

किसी मनमीत की प्रीत नहीं,
न सुख या भोग विलास है,
दुःख का गहरा सागर नहीं,
न ढलती शाम उदास है।

दूर तक फैली कीर्ति नहीं,
न ऐश्वर्य और मान सम्मान,
फूलों से सजी डगर नहीं,
न संघर्ष की राह वीरान।

ईश्वर की अनवरत अभिव्यक्ति है,
शक्ति और विश्वास है,
दुःख और सुख की संध्या में,
हर दिन सुबह की आस है!

तुम

तुम जीवन, मन, प्राण हमारे,
मन इस असंख्य वेदना में,
तुम्हारी हर क्षण राह निहारे।

ये आतुर, अधीर नयन
तुमको ही दिन रात पुकारे।

जीवन मानो एक करुण क्रंदन,
तुम नीरव आकाश हमारे।

जब भटके पथ प्रीति का हम,
तुम रहना बस साथ हमारे।

हम तो रज कण भूमि के,
और तुम अम्बर पर बिखरे तारे।

मौत घूमती दबे पाँव

जीवन क्षणभंगुर है...
आजकल ऐसा ही लगता है !

मौत घूमती
दबे पाँव
हर देहरी से गुज़रकर...
घर घर में झाँकती
धीरे से पुकारती !

कोई नादान
उसके इरादों से अनजान,
रख लेता
उसका सामान ! !

वो मुस्कुराती...
ज़िंदगी से परे
दूर के
सपने दिखाती,

और फिर...
सफ़ेद धागों से बुना
रेशमी जाल बिछाती !

कितनी क्रूर,
कितनी निर्दयी...
किसी
इंद्रधनुष के
सारे रंग चुराती !

निर्जन बसती, सूने मकान
सूनी गलियाँ
सूनी चाय की दुकान !

धूप में भी अब
वो रौशनी और रंग नहीं,
जाने क्यों ऐसा लगता है...

जीवन क्षणभंगुर है...
आजकल ऐसा ही लगता है !

पहली किरण

तुम भोर की पहली किरण,
दूर करो धरा का अंधेरा।
तुम गुणों से युक्त लालिमा,
जीवन को दो नया सवेरा।

तुम ईश्वर की प्रथम रचना हो,
नित्य नये रूप अविराम हो।
स्नेह और शील से परिपूरित,
एक मूरत नयनाभिराम हो !

त्याग दो जो जीर्ण-शीर्ण है,
नये स्वप्न वा आशाएँ बुनो।
इतिहास से प्रेरणा लेकर,
वर्तमान की पुकार सुनो।

तुम अकसर स्वयं अपनी शोषक हो,
कुछ तो विवेकशील बनो।
तन को सौम्य रूप देकर
मन से प्रगति शील बनो !

जीवन क्या हैं?

ओस में भीगी
नन्हीं कोमल दूब...
कि विशाल वट वृक्ष से
छनती धूप,

या मेले के अकेले में
हिचकोले खाता यौवन,
कि वेंटिलेटर पर छूटता
अंतिम साँसो का बंधन।

बाल गृह के अंधेरों को चीरता
वो मासूम क्रंदन,
कि स्कूल गेट पर
झूला झूलता बचपन।

या चाँदनी चौक की
रंगीली गहमा गहमी,
कि बर्फ़ीले अकेले पहाड़ों पर
ज़िंदगी सहमी-सहमी।

मोक्ष की खोज में भटकते
कुंभ के साधू संत,

कि जो धन जोड़ सुख
ख़रीदते जीवन प्रयंत।

लाव-लश्कर के साथ
नेता का रौबीला क़ाफ़िला,
कि सुदूरगाँव के आँगन में
जीवंत एक अकेला दिया।

या बहते काजल से
डोली में भीगता तन मन,
कि सड़क किनारे भिखारी के
बूढ़े शिथिल नयन!

जीवन क्या है?

मातृभूमि के शूरवीर

बेवजह मुरझा रहा हरसिंगार...
जमीं पर गिर पछता रहा हरसिंगार
कि कोई जा रहा है !

सिसकती है हवाएँ,
सूनी है फ़िज़ाएँ

दरवाज़े के ओट से रोकती है आँखें
और माँ का आँचल भिगोती है आँखें,

सरकती है सपनों की मीनारें
और टूटते उम्मीदों के सितारे,

उठ रहा तूफ़ान का सैलाब...
फड़फड़ाता अंतिम पहर का चराग़

झनझना उठी है तलवारें,
वो आयेगा कि नहीं...
चीख़ती मौन दीवारें

कि कोई जा रहा है !

परोपकारी बादल

भीगी-भीगी ये पंखुड़ी गुलाब की
हरीतिमा ये धुली-धुली,
निश्छल भीगते खेलते बच्चे मानो
भीगती मृदुल नवोदित कली।

रिमझिम भीगी फुहार से
नम होता धरती का आँचल,
बरस कर अस्तित्व खो देते
उमड़ते परोपकारी बादल।

कितनी मोहक छवि है
इन भीगते फूलों की,
उद्विग्न अकेला भीगता मन
याद आयी बचपन के झूलों की।

तुम भी ऐसा जीवन सँवारो
मधुरस भर दो हर कण में,
हृदय से लगा लो पतितो को
प्रेम दीप जला दो हर मन में।

नानी का घर

याद आता है नानी का घर...
वो उजली सुबह और धुँधली शाम,
ठहरी हुई दोपहर और अनगिनत काम !

वो उलझे सवालों के
सुलझे जवाब,
और चाय की चुस्की के बीच
बची छुट्टी का हिसाब !

वो नानी के आँखों की नरमी
और उनकी आत्मा की ठंडक,
उनका जाड़े की धूप सा साथ
और उसमें ज़िंदगी के सबक़ !

वो छोटी सी डायरी
जिसमें सपनों के मानचित्र !
कितना कुछ छूट गया है,
जब से हम बड़े हुए है !

वो आँगन की सुनहरी धूप
और छत की उज्ज्वल चाँदनी
वो नानी के मन के गीत
और कोयल सी मधुर रागिनी !

समर्पण

अभिव्यक्ति अव्यक्त भावनाओं की

टूटा फूटा जो अर्जित है,

प्रतिक्षण सँचित यह समस्त काव्य

प्रिय तुम्हें समर्पित है।

- सीमा सक्सेना

सीमा सक्सेना की रचनाएँ

प्रार्थना

हे ! दिव्य शक्ति, मेरा प्रणाम स्वीकार करें।
जीवन के अँधेरे मिटा
दिव्यता का प्रसार करें,
हे ! माँ कल्याणी, मेरा प्रणाम स्वीकार करें।
टूटे तारों को झंकृत कर
मधुर स्वर का गुंजार करें,
हे ! माँ भवानी, मेरा प्रणाम स्वीकार करें।
मेरे हृदय उद्गारों का
शब्दों से श्रंगार करें,
हे ! माँ जगतजननी,मेरा प्रणाम स्वीकार करें।
दुःख क्लेश मिटाकर
जीवन का उद्धार करें,
हे ! माँ शारदे, मेरा प्रणाम स्वीकार करें।
लेखनी को शक्ति दे
मुझ पर उपकार करें,
हे ! माँ कालिके, मेरा प्रणाम स्वीकार करें।
दे कर शुभाशीष मुझे
जीवन का विस्तार करें,
हे ! माँ लक्ष्मी, मेरा प्रणाम स्वीकार करें।
धन वैभव सम्मान दे
सुख का अभिसार करें।

देशगीत

देश के पुजारियों, मिल के करो आरती
दे कर संदेश यह, बसुन्धरा पुकारती।

भिन्न-भिन्न धर्म है
प्रदेश भी अनेक हैं
भिन्न रंग भिन्न वर्ण
किन्तु कर्म एक है

करो निर्मल श्वेत, धवल रुप नवभारती
दे कर संदेश यह, वसुन्धरा पुकारती।

दीप चाहे कितने हो
सभी में तत्त्व एक है
शरीर चाहे कितने हो
सभी में रक्त एक है

मर मिटो सीमान्त पर, हारो नहीं कभी सारथी
दे कर संदेश यह, वसुन्धरा पुकारती।

विनय विचार में
हिमालय से महान हो

मन की पवित्रता
देवालय के समान हो

देश प्रेम स्वाति नीर, चातक पुकार सी
दे कर संदेश यह, वसुन्धरा पुकारती ।

धारणा में सागर सी
मिलती गहराईयाँ
कदम कदम बढ़े तो
आसमां सी ऊँचाईयाँ

तुलसी के मानस सी, सूर की सुभारती
दे कर संदेश यह, वसुन्धरा पुकारती ।

रामकृष्ण राजा शिवा
की वीर भूमि है
सत्यमेव जयते की
रही सदा धूम है

भारत माँ जन जन, से पुत्र को संवारती
दे कर संदेश यह, वसुन्धरा पुकारती ।।

शुभकामनाएँ

नव प्रभात की शुभ बेला
लाए खुशियों की सौगात,
प्रतिक्षण संचित हो पुष्प
खुशबू का हो आत्मसात,

निष्कंटक हर राह हो
कहीं न हो कोई अवरोध,
प्रतिपल आगे बढ़ते रहो
लेकर बुद्धि, विवेक, बोध,

जीवन में आते कई क्षण
विचलन दर्द दुःख भरे,
कभी नहीं घबराना तुम
रहना विकृतियों से परे,

प्रतिपल वक्त का अमूल्य
यूहीं नहीं खोना तुम,
मंजिल दूर नहीं अब
पथभ्रमित न होना तुम।।

मधुमास अब आएगा

तपन तपिश की बीतेगी
मधुमास अब आएगा,
स्वर्णिम छटा बिखरेगी
प्रीत का रंग छाएगा,

पवन का पावन परिमल
गुलशन को महकाएगा,
मनभावन का आगमन
मन को बहकाएगा,

रक्तिम सूर्य आसमां में
कहीं दूर टंक जाएगा,
शीत गहन तम जीवन का
पल भर में छँट जाएगा,

यह स्वप्न जब शब्द छोड़
सत्यभूमि पर आएगा,
प्रिय-वह मनोरम क्षण
अविस्मरणीय हो जाएगा।।

समर्पण

उदित हुआ प्राची से
रक्तिम रवि मुस्कान लिए,
परिमलित बयार ने
आकर कुछ पैगाम दिए,

कमनीय अधःखिली
लावण्यमय उन्मादिनी,
निहारती अनिमेष किसे
बिखर रही रागनी,

निस्तब्ध शब्दपूर्ण नयन
प्रस्तुत आज समर्पण को,
यह भुवन-सम्पूर्ण जीवन
तुच्छ पड़ गया अपर्ण को,

दीप स्तम्भ के रुप से
प्रकाशमय हो धरती गगन,
प्रीत की छटा बिखेरे
प्रिय ! तुम्हारा मधुर जीवन।।

प्रतिक्षित आस

स्वप्न तुम्हारे मेरे मन में
दूर की वह क्षितिज रेखा
जहाँ भ्रमित दुनिया ने
धरती-गगन मिलन देखा।

व्यथित हृदय के करुण क्रन्दन
सुनता नहीं यह जग दीवाना
मृग मरीचिकाओं में भटक गया
हर कोई यहाँ अपना बेगाना।

आस विश्वास की सीढ़ी चढ़कर
धरती ने गगन को पुकारा
रुक न बिछुड़ा गगन
आज भी राह में है बेचारा।

बिन फेरों के आज है धरती
बिन साथी के आज गगन
तृषित नयन आज भी प्रतिक्षित
कभी तो होगा वास्तविक मिलन।।

घायल पड़ा सृजन मेरा

क्या परिचय दूँ अपना
तृषित नयन पर्याय मेरा,
जग ने छीना क्या नहीं
चैन, नींद प्यार मेरा,
नाउम्मीदी के खड्ड में
गिरा पडा धैर्य मेरा,
कैसे ख्बाब बुनूं नए
तन मन बिखरा मेरा,
जिंदगी की दौड़ में
भागा तो मन मेरा,
ठोकर खाकर ऐसा गिरा
घायल पड़ा सृजन मेरा,
कोई शब्द नहीं ऐसा
कहे जो दर्द मेरा,
अब आहुति ही चढ़ेगी
होगा वहाँ जीवन मेरा।।

मन मेरा

कोलाहल से दूर
आकर बैठा है मन मेरा
अपने को बटोरता
लघुत्तर सीमाओं में
मन को खींचता
धवल नीरवताओं में
उफनती नदी का
शाँत किनारा है मन मेरा।

लहरों को समेटता
किनारा बाहों में
अश्रु फुहार बन
उड़े हवाओं में
राहत मिले जरा
सुलग रहा है मन मेरा।

मन ने त्यागा
श्रंगार गुल गुलाबों को
सुर्ख सफेदी में
छिपा है लहुलुहान मन मेरा।

रौदें जख्म सारे
इस बेदर्द जमाने ने
मन मरते मरते बचा
अपना वजूद बचाने में
आज मरणासन्न पड़ा
सुबक रहा है मन मेरा।।

जब से जुड़ी तुमसे प्रीत

अधरों से फूटा संगीत
जब से जुड़ी तुमसे प्रीत।

निःशब्द हुआ था मन
टूट गया था साज,
बिखर गया था मन
रुंध गयी थी आवाज,

जीवन मेरा बना गीत
जबसे जुड़ी तुमसे प्रीत।

दुनिया मुझसे थी रुठी
खुशियाँ पीछे थीं छूटीं,
टूटे थे सब रिश्ते नाते
हर कदम पर मात खाते,

हार मेरी बनी जीत
जबसे जुड़ी तुमसे प्रीत।

आहत था मेरा दिन
घायल थी मेरी रात,

कोई नहीं सुनता था
व्यथित हृदय की बात,

अँधेरी रात गयी बीत
जब से जुड़ी तुमसे प्रीत।

गम की काली बदली
छायी थी जीवन में,
कोई बहार भूले से
आयी नहीं चमन में,

बसंत बन गयी शीत
जब से जुड़ी तमसे प्रीत।

सफर कटता था नहीं
मन बहुत भटकता था,
किसी प्रिय की चाह में
रात दिन तड़पता था,

मिल गया मन का मीत
जब से जुड़ी तुमसे प्रीत।।

हमारी याद आएगी

तुम्हें जब भी भूले से
हमारी याद आएगी
सच मानों आँखों में
एक कहानी घूम जाएगी

कितनी भी कोशिश करो
कितनी भी बेरुखी दिखाओ
अतीत के रंगे पृष्ठों को
कभी कोरे न कर पाओगे

जितना प्यार किया हमने
उतना किसी से न पाओगे
जब अहसास होगा इसका
तब बहुत पछताओगे

तब वक्त गुजर चुका होगा
जब तुम लौट कर आओगे
गर मजबूर न हुए हम
तो उसी मोड़ पर पाओगे

हमारे अतीत की झलक
कहीं तुम्हें मिल जाएगी
कितना भी बचना चाहो
हमारी ही याद आएगी।।

मुरझा गया हरसिंगार

मुरझा गया हरसिंगार
जैसे बिछुड़ा मेरा प्यार।

सुबह की धूप खिली
लगती थी कभी भली,
आज तन झुलस उठा
शीतलता को तरस उठा,

काश ! बिखरे शीत फुहार
मुरझा गया हरसिंगार
जैसे बिछुड़ा मेरा प्यार।

शाम की तन्हाईयाँ
हुस्न की रुसवाइयाँ,
गम की बदली तले
चश्म-ए-ख्बाब पले,

लौट आए ये बहार
मुरझा गया हरसिंगार
जैसे बिछुड़ा मेरा प्यार।

दो मन कभी मिले
बृहत गगन के तले
आज कुछ दूर हैं
क्या करें मजबूर हैं

मिलन हो पुनःश्च बार
मुरझा गया हरसिंगार
जैसे बिछुड़ा मेरा प्यार।।

प्रतीक्षा

प्रणय की बारात क्यों
प्रतीक्षा के द्वार खड़ी
ठहरी आँखें राहों पर
ढूँढे मिलन की दो घड़ी।

मधुमास की बहारों में
कौन पतझड़ ले आया
प्रफुल्ल उमंगित मन में
कैसा दर्द भर लाया।

होंठों की मुस्कान क्या
खुशी का पर्याय बनेगी
यादें तेरी क्या अब
अश्रु-सागर रोक सकेगी।

बहुत तड़पेगा मन मेरा
बहुत सताएगा तेरा गम
फिर भी होंठ हँसेंगे मेरे
भले रहें ये आँखें नम।

तमाम पल तेरे साथ के
बाँध सके जिन्हें न हम,
कल ढूँढेगीं यह आँखें
भटकेंगी हर कदम-कदम।।

अकेलापन

अकेलापन
जीवन का गहरा सच
जन्म से मृत्यु तक,
फिर मन में
व्यथन कैसा?
रिश्तों के खोखलेपन का
दर्द क्यों?
पूर्णता की चाह में
भटकती आत्मा,
अपूर्णता का यह
अहसास क्यों?
जीवन, एक कर्मयुद्ध
संघर्षरत मन,
साहस के समन्दर में
घबराहट के ज्वार क्यों?
किसी अपने की
दिलासा की चाह,
किसी के प्यार की
सानिध्य की प्रतीक्षा
आखिर क्यों?
भटकता यह मन
मृगतृष्णाओं में,
कैसे रोकें
यह अश्रुबाढ़
जीवन के चढ़ते
उतरते ज्वार?

बताओ मुक्ति कैसे सम्भव?

रिश्तों की जंजीर
हृदय की पीर,
मोह के उलझे धागे
मन इधर उधर भागे

बताओ मुक्ति कैसे सम्भव?

आँसूओं का सैलाब
दर्द उठता बेहिसाब
बिखरे हुए ख्वाब
हारे का खिताब

बताओ मुक्ति कैसे सम्भव?

बुझे हुए अँगार
रूठा हुआ श्रंगार
आँखों में इंतजार
खोया हुआ मनुहार

बताओ मुक्ति कैसे सम्भव?

मन एक बंजर भूमि

मन एक बंजर भूमि
भाव उपजते नहीं,
स्नेह की तलाश में
पाँव भटकते नहीं,
रिमझिम फुहारों से
गीत बरसते नहीं,
वीरान पड़ा जीवन
स्वप्न पनपते नहीं,
लौ बन जले प्रतिक्षण
दीप दमकते नहीं,
मन एक बंजर भूमि
भाव उपजते नहीं।।

इंसान

हाड़ कँपाती शीत लहर
जिंदगी दौड़े चारों पहर,
जरुरतों का मारा इंसान
फिरता रहता गाँव शहर,

सुकून दिखता नहीं कहीं
चिंता की रेखाएँ ललाट पर,
दो जून की रोटी भगाती
उम्र यूहीं तमाम हो जाती,

भटकता रहता पूरे जीवन
यह इंसान तनाव का मारा,
कब खायी थी चैन की रोटी
कहाँ गुम गया लगाव सारा,

इस मशीनी जिंदगी का
कभी तो इतवार आता,
भागती दौड़ती जिंदगी में
काश कभी ठहराव आता।।

जीवन में संघर्ष बड़ा है

बड़ी-बड़ी बातें कहाँ से लाएँ
छोटी-छोटी बातों पर
बड़ा-बड़ा तूफान खड़ा है
जीवन में संघर्ष बड़ा है।

जिनको हम कहते थे अपना
उन सबने तो मुँह मोड़ा है
कहने को पूरा संसार पड़ा है
जीवन में संघर्ष बड़ा है।

किस विधि जोड़ें सोच न पाए
किरका-किरका स्वप्न बिखरें हैं
वक्त का प्रहार कड़ा है
जीवन में संघर्ष बड़ा है।

मन का विचलन कैसे रोकें
धीरज हिम्मत हारता जाता
बाधाओं का पहाड़ खड़ा है
जीवन का संघर्ष बड़ा है।

धुँधली राहें, कमजोर निगाहें
टूटती साँसें, डगमगाते कदम
चलने को रास्ता पड़ा है
जीवन में संघर्ष बड़ा है।

हृदय में उमड़ता व्यथन
नम आँखों को ढकता
मुस्कराहटों का परदा पड़ा है
जीवन में संघर्ष बड़ा है।।

यादें

कण-कण गाने लगा
तुम्हारी यादों के गीत,
नयन हो गये तृषित
तुम्हें देखने को मनप्रीत,

वक्त की हर शै तब
उदासी मय हो गयी,
अश्क बेसब्र हुए जब
खुशी कहीं खो गयी,

हर चेहरा-हर शख्स
अक्स तुम्हारा बन गया,
इस मन की उहापोह में
चैन कहीं गुम गया,

मन भटका इधर-उधर
हश्र हुआ यही हर बार,
टकरा कर चोट खाया
आगे जैसे शीशे की दीवार,

आकर मुझको थाम लेते
थे हम बहुत हताश,

तुम्हीं थे मेरा सहारा
तुम्हीं तो थे मेरी तलाश,

थाम लेते तुम मुझे
दर्द मेरा थम जाता,
स्नेहमय स्पर्श पाकर
गर्म आँसू जम जाते,

पहले तो तुम नहीं
इतना हताश थे,
दूरियाँ तमाम थीं
तब भी पास थे,

आज हमारा प्यार है
तन और श्वास सा,
किन्तु मिलन दिखता
धरती आकाश सा,

इस मृगमरीचिका में
भटकें कब तक हम,
कहाँ होगा वह क्षितिज
जिसके लिए प्रतीक्षित हम।।

प्रीत का मौसम

था तपता हुआ मरुस्थल
आयी शीत फुहारें,
स्नेह नीर से भीग उठा
छा गयी बहारें,

कोपलें फूट पड़ी
कैसा हुआ परिवर्तन,
कोकिला छेड़े राग
मोर करे नर्तन,

छा गयी भुवन में
परिमलित बयार,
सुरभित हुआ चमन
जग उठा प्यार,

प्रीत की रक्तिम छटा
चारों ओर गयी बिखर,
सम्मोहित सा कण-कण
निहारें एकटक हो बेखबर।।

हम

जब थक कर इंसान
टूट जाता है
धरती पर गिर
प्राण छूट जाता है,

ऐसे में भी हम
खड़े हुए हैं
जिद पर अपनी
अड़े हुए हैं,

दुनिया के प्रहार
सहते हैं
अपने गैरों के वार
सहते हैं,
अपनी शक्ति को
संचित करके
सहज भाव से
चलते रहते हैं।।

वो भी एक जमाना था

हँसना रोना साथ
खाना पीना साथ
बातों-बातों में
उलाहना था
वो भी एक जमाना था।

एक स्वर में
एक समूह में
दुनिया से
लड़ जाना था
वो भी एक जमाना था।

किसी के पास ज्यादा
किसी के पास कम
मिलजुल कर
वक्त बिताना था
वो भी एक जमाना था।

कोई अपना टूटे न
कोई राह में छूटे न
सबका साथ

निभाना था
वो भी एक जमाना था।

खट्टी मीठी यादों का
सच्चे झूठे वादों का
लगता सुन्दर सा
अफसाना था
वो भी एक जमाना था।

वक्त कुछ रूठ गया
सपने सा सब टूट गया
मनभावन सा
एक तराना था
वो भी एक जमाना था।।

मन की जीत हो जाएगी

एक हल्का सा अहसास हुआ
तेरे आने का आभास हुआ
अश्रुपूरित प्रतिक्षित आँखों में
खुशी गम का परिहास हुआ,

अहसास कुछ यूँ बढ़ चला
मन दूर कहीं उड़ चला
प्रिय मिलन की आस में
मदहोश कुछ हल्का-हल्का,

जा साहिल पर मन का
उद्वेग ठहर सा गया
दायरे बंदिशों के कटीलें
बाड़ से घिर गया,

विस्तृत अथाह अनन्त सागर
फैला है चारों ओर
कैसे पार जाए बेसब्र मन
बसी है चिंता घनघोर,

प्रिय मिलन की चाहत
सागर भी पार कराएगी
दुनिया भले विपरीत रहे
मन की जीत हो जाएगी।।

आज बहुत उदास हूँ

थाम लो कोई मुझे
आज बहुत उदास हूँ

रोक लो मेरे अश्रु प्रवाह
इस दिल की घबराहट को
आज बहुत निराश हूँ मैं

व्यथित मन का करुण क्रन्दन
जैसे सदियों का अकेलापन
काल का उपेक्षित ग्रास हूँ मैं

दुनिया का मेला साथ है
फिर क्यूँ मन अनाथ है
आज बहुत हताश हूँ मैं

बदन में कैसी टूटन है
आँखों में सूना भटकापन
आज टूटती आस हूँ मैं
मरना भी जब चाहा
उम्मीदों ने रोक दिया
आज असफल प्रयास हूँ मैं

पुकार लो कोई मुझे
आज भटकती श्वास हूँ मैं।।

अब न कोई छिपा पाए

घने कोहरे को चीरती
चल रही शीत धारा
किसी बीती याद में
बीत गया वक्त सारा,

ऐसा ही तो था कोहरा
ऐसी ही थी हवा चली
मौसम की मादकता में
याद एक खूशबू मिली,

आँखों में थी गहन काँति
होठों पर मुस्करायी शाँति
दुनिया अपनी लगती थी
दिल में नहीं कोई भ्राँति,

एक प्यारा सा था साथी
एक प्यारा सा था सपना
वक्त की तेज आँधी में
बिछुड़ गया मेरा अपना,

जप तप प्रतीक्षा की
तब कहीं खोज पाया

अथक श्रम संयम बाद
परिधि के भीतर आया,

मेरे इस श्रम संयम को
अब न कोई डिगा पाए
मेरी इस तप फल को
अब कोई छिपा पाए।।

दुविधा

किसका गम ठुकरा दूँ
किसका गम अपना लूँ,
सब यहाँ अपने हैं
सबके अपने सपने हैं,

दुविधा में फँसा है मन
हर रिश्ता है बड़ा अहम
किसकी आस मिटा दूँ
किसकी आस सजा दूँ,

कोई जुड़ा है मन से
कोई जुड़ा जीवन से
जीवन को ठुकरा दूँ
या मन को समझा दूँ,

समझ मेरी नहीं आता
जग का रिश्ता नाता
प्रश्नों के चक्रव्यूह से
मन नहीं निकल पाता।।

इनाम दिया है

वक्त की हर शै ने
मेरा इम्तिहान लिया है,
मुझे तो गमों ने ही
तराश कर इंसान किया है,

हर तमन्ना ने खोकर ही
सब्र का इनाम दिया है,
कँटीली राहों ने बाहों में
फूलों सा आराम दिया है,

गमों ने बहुत दूर तक
साथ का पैगाम दिया है,
दर्द ने भी हार मान
झुककर सलाम किया है,

बेवफाई की इक शाम ने
हमें शायर नाम दिया है।।

क्यों?

प्रीत की कोमल पंखुड़ी पर
एक थी तितली बैठी
मचलती इठलाती प्रेममय
बेसुध खोयी ऐंठी
एक हवा का झोंका आया
टूट गयी वह डाली
पंखुड़ी बिलग फूल से
कहीं दूर उड़ चली
तितली सहमी-सहमी
भयांकित सी भटकती
ढूँढे हर पल वह पंखुड़ी
गिरती पड़ती उड़ती
क्यों?
ऐसा ही होता आया है
प्रीत की डोर तोड़ने में
जग ने प्रथम स्थान पाया है।।

काश

आँख से अश्क बनकर
गम मेरा बह न सका,
आहत हृदय जमाने के
हमलों को सह न सका।

आँखों में बसी उदासी
देख जमाना जान गया,
आहत हृदय के जख्मों की
गहराई पहचान गया।

फिर खोज खोज कर
जख्मों पर आघात किया
वाह ! जमाने तुमने
अच्छा यह इंसाफ किया।

काश ! मेरे दर्दोगम को
इस जमाने ने सहा होता,
निष्ठुरता की परिसीमा लाँघ
प्रीत सागर बहा होता।।

तुम

सतत प्रयास
बाँध लूँ तुम्हें,
शब्दों की डोर में
बना लूँ तुम्हें
अपनी कविता,
मगर तुम
असीम हो
अनन्त हो,
सुना था
कवि मन होता
अपरिमित, वृहत
अति विशाल
कैसे खींचूँ
तुम्हारी सीमाएँ
तुम असीमित
तुम अन्तस आकाश
दिव्य प्रेम प्रकाश
तुममें तलाशते
अपनी छवि
अपना आस्तित्व
हाथ आती मात्र रिक्तता
फिर भी तुम
बसे हो
मेरे हृदय
मेरी श्वास में।।

पाकर तुमको

सोए तुम्हारी याद में
जागे तुम्हारे ख्वाब से,
डूबा दिल ख्यालों में
बन गए आफताब से,

हर शै से हुए जुदा
पाकर तुमको ऐ सनम,
अब नयन नहीं भटकते
नहीं डगमगाते ये कदम,

सावन की घटा बन
छाया प्रिय स्नेह तुम्हारा,
शीत फुहारों से भीगा
तपता मरु हृदय हमारा,

कल्पना के पंख मिले
मन मेरा आकाश हुआ,
प्रीत के अहसास से
हृदय में प्रकाश हुआ।।

आँखों का पानी

पहले जब हम
तुमको खत लिखते थे
तमाम अल्फाज
आँसूओं से मिट जाते थे,
पर भावों को,
अहसासों को,
मिटा नहीं पाते थे,
तुम सब पढ़ लेते थे
सब समझ जाते थे,
जवाब में अल्फाज
बिखरी स्याही साथ आते थे
आँसूओं के निशान
सारी व्यथा कह जाते थे,
वह दर्द भरे अल्फाज भी
अजब सा सुख दे जाते थे,
एक दूसरे की ओर मन
अविराम बढ़ते जाते थे,
वक्त का पहिया घूमा
जीवन पथ पर साथ मिला,
उम्र का दरिया बहता गया
अहसासों ने रुप बदल लिया
प्यार अब रिश्ता बन गया,

अब भी आँसू बहते हैं
पर अब खामोश रहते हैं,
शायद इनकी भी उम्र हो गयी
भावों की नमी खो गयी,
जिनमें छिपी मन की कहानी है,
वह तुम्हारे लिए बस
मेरी आँखों का बहता पानी है ॥

सब समझने लगी हूँ

अब उम्र के
उस पड़ाव पर
आ पहुँचीं हूँ,
जब मौसम मंजर
बातें खंजर
सब समझने
लगी हूँ,
खामोशी के पीछे
का दर्द
मुस्कान में छिपा
दिल सर्द
सब देख
पाती हूँ,
अनहोनी के
अहसास
गर्म व ठँडी
श्वॉस
आँखों की भाषा
लबों पर रुके
अल्फाज
सब सहज
जान लेती हूँ ,

बँद आँखों से
दुनिया देख लेती हूँ ,
बोलती बातों में
छिपे अर्थ
पढ़ लेती हूँ ॥